OXALIS – Verlag

Quantenchemie für
Chemiker

9783527252336.4

6

Thomas K. Müller / Pedro Casanova

GOMERA

Traum oder Wirklichkeit
Sueño o Realidad

OXALIS – Verlag

1.Auflage 1984/85
Copyright © by OXALIS-Verlag, Detlef Witt-Schleuer, Berlin
Alle Rechte vorbehalten / All rights reserved

Herstellung: Verlag Die Werkstatt, Göttingen
Vertrieb: Regenbogen-Buchvertrieb, Seelingstr.47, D-1000 Berlin 19

ISBN 3-88734-016-7

INTRODUCCION

Cada vez es más difícil encontrar un lugar, por el que de un modo u otro, sintamos nuevamente un impulso vital que nos mueva a captar el espíritu oculto de esa tierra, impulso que nos llama irrevocablemente a amarla de un modo desinteresado, natural, casi primitivo y sensual.

Captar un paisaje en un momento determinado con una cámara fotográfica en las manos, es fácil, casi pueril, pero captar el »alma«, la luz, el momento, el »ser«, en definitiva de ese lugar, es solo una tarea para quienes han comprendido el mensaje »soto voce« que cada piedra de un sendero, cada rama de un árbol, cada brizna de hierba, cada arruga o el gesto espontáneo de una cara curtida por los años nos quiere comunicar.

Thomas K. Müller, el »Fotógrafo« como le llaman, es quizas uno de esos, que sin ser de esta tierra, y tal vez por ello, lo han sabido captar. Ha sabido captar la imagen fugaz del hombre, de la tierra o de la luz misteriosa, en el momento preciso que pasaba fugaz hacia el eterno olvido por el suelo milenario de la Gomera, y ese momento que por cotidiano parece estático y monótono, nos aleja más del pasado, de un pasado que se niega a morir olvidado al borde de las carreteras cubiertas por el asfolto violento que, no se detiene a contemplar la placidez de un mar de hierba, la esotérica belleza de la fría bruma en los montes, el gesto cansino del isleño, o el apacible pastar de un ganado en el campo.

Si una imagen vale más que mil palabras, es suficiente para captar en ella la prescencia y la esencia colorista de una isla y unos hombres que han permanecido fieles a ella; pero captar el alma de un pueblo es más difícil sin conocerla, y para ello, nada mejor que su propio »verbo« salido del sentimiento convertido en poesía, la más pura poesía nacida junto al fuego, en contacto íntimo con la tierra, el aire, empapada en sabiduria y sutileza y oliendo a leyenda, a mágia, a sentimientos ... Una poesía nacida de la humildad, no pretende sino ser una humilde ofrenda para cantar a la tierra que la origina, al hombre humilde que la crea, o al sentimiento también humilde que la inspira; una poesía que nace en los albores del tiempo, y fluye de boca en boca, de generación en generación siempre viva y renovada.

Imágenes y Palabras »acomodadas con tino«, como las piedras milenarias que sostienen los bancales, sólo pretenden desnudar de alma y cuerpo la esencia pura de una tierra atormentada por su propio ser; tierra de profundos barrancos donde aún resuenan en los caseríos abandonados el eco ya lejano de chácaras y tambores o del penetrante silbo, que rompiendo el silencio de los valles, cruza los pagos galopando sobre el viento; Tierra atormentada, de frondosos montes cubiertos de bruma que ocultan aún ancestrales aquelarres; de córovas colinas barridas por la brisa por donde el sol se marcha o viene cada día; Tierra de breves playas, en las que pirates y corsarios recalaban según cuentan las leyendas; atormentada Tierra que emerge de un cuento de hadas, matizado de mil ocres, en ciclópeas murallas erizadas de almenas y gigantescas torres, donde inmóviles y pétreos centinelas guardan celosos el sueño eterno de la raza extinta. Es en fin, una tierra atormentada, que parece surgida al unísono, del cincel de un furioso Miguel Angel, y la paleta de un loco Van Gogh.

Esta obra »Sueño o realidad« de Thomas K. Müller no es una guía turística, ni un libro de vistas para el viajero de paso; esta obra pretende ser un intento, un corto paso hacia la sensibilidad, hacia el más allá del simple mirar y ver, es una ambiciosa aunque humilde pretensión de sacar del ostracismo ese misterio que el »instante fotográfico«, es capaz de mostrar por si solo; es como rebuscar otra »imagen latente«, que solo la sensibilidad es capaz de abstraer de la propia realidad y que a veces se nos escapa irremisiblemente.

La armonía entre las imágenes de Thomas K. Müller, y la profundidad y belleza de las poesías recopilades por Pedro Casanova, o escritas por él, es el reflejo de la armonía entra una tierra y el hombre que la habita.

El que esa armonía se rompa es sólo cuestión de tiempo, la fuerza destructora de corrientes externas es demoledora, y es posible que acabe por desmoronar aun los cimientos de tan primigenia cultura. Tal vez por eso esta obra de Müller y Casanova, aunque en extraña lengua, sea un excepcional testigo de una cultura que nunca debiera desaparecer.

Jaime Casanova Sanjuán

Einleitung

Es wird immer schwieriger, einen Flecken Erde zu finden, wo man auf die eine odere andere Weise von neuem den lebendigen Drang in sich verspüren kann, das verborgene Wesen dieses Landes erfassen zu wollen, den unwiderruflichen Drang, es auf uneingennützige, natürliche, gleichsam einfache und sinnliche Art zu lieben.

Eine Landschaft mit einem Fotoapparat bewaffnet in einem bestimmten Augenblick einzufangen, ist leicht, beinahe kindisch; die »Seele«, das Licht, den Moment, kurz das »Wesen« jenes Ortes zu erfassen, ist dagegen eine Aufgabe, der nur die gewachsen sind, die die Botschaft verstanden haben, die jeder Stein eines Pfades, jeder Zweig eines Baumes, jede Pflanzenfaser, jede Falte oder Geste eines von den Jahren zerfurchten Gesichts uns mitteilen will.

Thomas K. Müller, »el fotógrafo«, wie er genannt wird, ist wohl einer von denen, die dies geschafft haben, ohne ein Einheimischer zu sein und vielleicht deswegen. Er hat es verstanden, das vergängliche Bild des Menschen, des Landes und des geheimnisvollen Lichts gerade in dem Moment einzufangen, da es sich über den tausendjährigen Boden von La Gomera hinweg ins ewige Vergessen verflüchtigt; und jener Augenblick, der für gewöhnlich gleichbleibend und monoton erscheint, entfernt uns zusehends von der Vergangenheit, von einer Vergangenheit, die sich weigert, den Tod des Vergessens zu sterben am Rande der gewaltsam asphaltierten Straßen, die nicht Halt machen, um die Anmut eines Gräsermeeres, die esoterische Schönheit des kalten Nebels in den Bergen, die müde Geste des Inselbewohners oder das ruhige Weiden des Viehs auf dem Lande zu betrachten.

Ein Bild ist mehr als tausend Worte wert, wenn es darum geht, in ihm die Gegenwart und koloristische Essenz einer Insel und von den Menschen, die ihr treu geblieben sind, einzufangen; aber die Seele eines Volkes begreifen, ohne es zu kennen, ist schwieriger; und dafür eignet sich nichts besser als sein eigenes »Wort«, das vom Gefühl her kommt, das sich in Poesie verwandelt, in allerreinste Poesie, entstanden am Feuer, in enger Berührung mit der Erde, der Luft, durchdrungen von Weisheit und Feinsinnigkeit und behaftet mit dem Duft von Legende, Magie, Gefühlen ... Eine Poesie, die aus der Demut geboren, will nicht mehr sein als eine bescheidene Gabe, um das Lob der Erde zu singen, der sie sich verdankt, des einfachen Menschen, der sie erzeugt, und dem ebenso einfachen Gemüt, das sie inspiriert; eine Poesie, die in der urzeitlichen Morgendämmerung entsteht und sich von Mund zu Mund, von Generation auf Generation in immer lebendiger und erneuerter Form überträgt.

Die wie die jahrtausendalten Steine der Terassenmauern mit »viel Fingerspitzengefühl zusammengesetzten« Bilder und Worte wollen nicht mehr, als Seele und Körper der reinen Gestalt eines durch sein eigenes Dasein gequälten Landes entblößen; Land tiefer Schluchten, wo in den entlegenen Weilern noch das sich bereits entfernenede Echo von Stimmen und Trommeln erschallt und des durchdringenden Pfeiftons, der die Stille der Täler zerschneidend und auf dem Winde reitend über die Landgüter springt; gepeinigtes Land dicht belaubter, und in Nebel gehüllter Bergdickichte, in denen sich noch urzeitlicher Hexenspuk verbirgt; Land poröser, windgepeitschter Hügel, hinter denen die Sonne jeden Tag verschwindet und aufs Neue erscheint; Land kurzer Strände, an denen nach überlieferten Erzählungen Piraten und Korsen anlegten; gequältes Land, das einem Märchen entstammt, in tausend Ockertönen schattiert, in Zyklopenmauern, errichtet aus Zinnen und riesigen Türmen, wo reglose Wachen aus Stein eifersüchtig den ewigen Schlaf der ausgestorbenen Rasse behüten. Ein gequältes Land endlich, das gleichzeitig aus dem Meißel eines wütenden Miguel Angel und der Palette eines besessenen Van Gogh entsprungen zu sein scheint.

Dieses Werk »Traum oder Wirklichkeit« von Thomas K. Müller ist weder ein Touristenführer noch ein Ansichtsbuch für den Durchreisenden; dieses Werk will ein Versuch sein, ein kleiner Schritt hin zur Sensibilität, zu dem, was über den bloßen Anblick hinausgeht; es ist sein ehrgeiziger, wenngleich bescheidener Anspruch, das Geheimnis zu lüften, das der »fotografische Augenblick« für sich allein darzustellen imstande ist; es ist wie die Suche nach einem »latenten Bild«, das in der Wirklichkeit aufzufinden nur dem Feinfühligen vergönnt ist und das uns manchmal unwiederbringbar entschwindet.

Die Harmonie zwischen den Bildern von Thomas K. Müller und der Tiefe und Schönheit der von Pedro Casanova zusammengetragenen oder selbst geschriebenen Gedichte, spiegelt die Harmonie zwischen einem Land und dem es bewohnenden Menschen wider.

Daß diese Harmonie zerbricht, ist nur eine Frage der Zeit; die zerstörerische Kraft externer Strömungen ist niederschmetternd, und möglich ist, daß unter ihrem Einfluß die Grundmauern dieser so alten Kultur endgültig zerfallen. Vielleicht deswegen kann dieses Werk von Müller und Casanova, trotz seiner fremden Sprache, ein außergewöhnlicher Zeuge einer Kultur sein, die niemals verschwinden darf.

Jaime Casanova Sanjuán

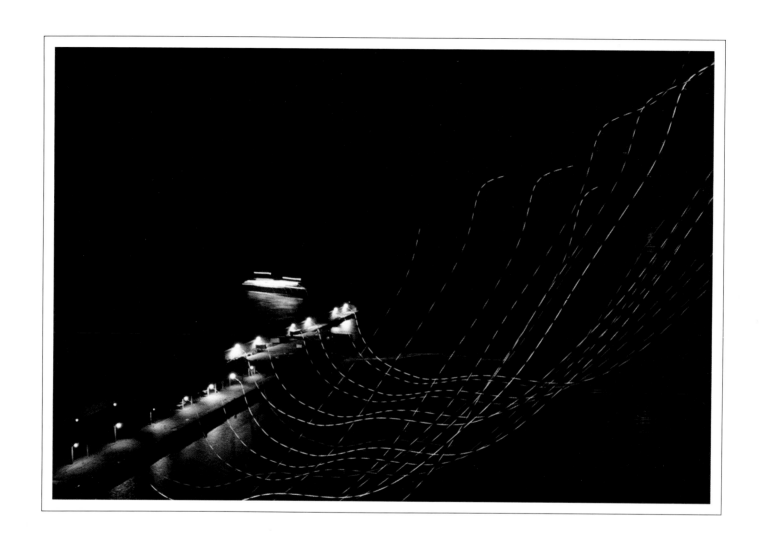

...mamá, llegamos a la montaña

A LA GOMERA

Gomera, isla parduzca y verde, son los tuyos
dos colores eternos, símbolos de tu sino.
de tu bregar errante, estóico y desolado,
iluminado siempre por luces de esperanza.

Relegada al olvido, condenada al destierro,
anciana, con su báculo, por valles y por cumbres,
pides que te comprendan, gritas para que no se unan
los errores humanos a la estructura física
que tienes que sufrir calladamente.

Gomera, isla espartana, isla recia y sufriente,
no llores que bien pronto te llegará tu hora.
Tu momento esperado, clara y nítidamente,
tiene que perfilarse y tomar forma.

Aunque se sigan yendo tus hijos entrañables
no temas. Siempre estará contigo tu espíritu invencible;
junto a ti está el aliento de los que bién te amamos
como ofrenda y obsequio por todo lo que has dado.

Sonríe, mi Gomera, porque tienes virtudes.
Eres vital, sencilla, paciente y generosa
y, aunque te veas víctima de un maléfico hado,
tus arcanos tesoros, tu misterio insondable
un día no lejano se abrirán a la Historia.

MEIN GOMERA

Gomera, Insel in Braun und Grün, Deinen
immergleichen Farben, Zeichen Deiner Bestimmung,
Deines unsteten, stoischen und trostlosen Ringens,
erhellt vom dauernden Licht der Hoffnung.

In Vergessenheit gefallen, verurteilt zur Verbannung,
läßt Du, stöckerige Alte, in Tälern und auf Gipfeln
Deine Bitte vernehmen, daß man Dich erhöre, klagst,
und haderst mit Deinem Schicksal
das schweigend Du erdulden mußt.

Gomera, spartanische Insel, rauh und leidend,
weine nicht, denn bald schon wird Deine Stunde kommen,
der ersehnte Augenblick, klar und rein
wird er sich abzeichnen und Gestalt annehmen.

Auch wenn Deine geliebten Kinder Dich weiterhin verlassen,
ängstige Dich nicht. Vertraue auf Deinen unbesiegbaren
                                              Geist;
mit Dir ist der Atem derer, die Dir ihre Liebe schenken
als Gabe und Dank für all das, was Du ihnen gegeben hast.

Erstrahle, mein Gomera, denn Du hast Tugenden.
Vital bist Du, einfach, geduldig und großmütig,
und siehst Du Dich auch als Opfer eines unseligen Loses,
Deine verborgenen Schätze, Dein unergründliches Geheimnis,
eines nicht fernen Tages werden sie sich der Geschichte
                                              eröffnen.

LA FORTALEZA

Es una roca imponente.
En lo alto una meseta.
Meseta que es mirador
hecho por Naturaleza.
En la Fortalzea hay
restos de la edad de piedra,
¿ construcciones aborigenes?
¿Tagoror de los pastores de Temocodá?
Quizás inespugnable refugio,
fueran tan altas tierras
cuando los piratas invadian,
a esta Junonia Menor y bella.
¿El pueblo guancho subia
a tan alta Fortaleza
y alli adoraban a Hirguán
para alejar al pirata,
y continuar la placidez
de su vida en esta isla
chiquitina, hermosa y fiera?
Ferocidad de montañas
de roques y fortalezas.

LA FORTALEZA

Es ist ein gewaltiger Felsen.
Darauf hochoben eine Ebene.
Eine Ebene wie eine Aussichtsplattform,
von der Natur gemacht.
Auf La Fortaleza finden sich
Überreste aus der Steinzeit.
Bauwerke von Eingeborenen?
Tagoror * der Hirten von Temocadá?
Vielleicht war es auch uneinnehmbare Zuflucht,
dies steile Land,
wenn Piraten Besitz ergriffen
von dieser schönen Junonia Menor **.
Stiegen die Guanchen hinauf
auf diesen hohen Fortaleza,
um dort den Dämonen Hirguán anzuflehen,
damit er die Piraten vertreibe
und sie zurückkehren ließe
zu ihrem angenehmen Lebenswandel
auf dieser kleinen, schönen und wilden Insel?
Wildheit der Berge
der Felsen und Festungen.

* Versammlungs- und Kultstätte der Guanchen

** ursprünglicher Name Gomeras in der Guanchensprache

14

VALLE GRAN REY

Valle Gran Rey pueblo ameno
a quien la naturaleza
le dio toda la grandeza
que no tiene otro terreno,
me siento de orgullo lleno
también porque alli he nacido
su contraste y colorido
es una joya de arte.
Surgen gigantes del suelo
cual fuesen estátuas mudas
agrestes moles desnudas
que quieren tocar el cielo
bajo el infinito velo
de misterios estelares.

Extensible y vertical
esparce de su naciente
las insipidas corrientes
de impresionante cadal
este rico manantial
que va regando en cadena
como la nube serena
sin que le falte un detalle
el gran fabuloso valle
de la cumbre hasta la arena.
Te llevaré por el puerto
por la puntilla y la playa
donde termina la raya
del mar vivo y el mar muerto,

verás a lo descubierto
los barcos en la bahia.
Pasarás por Borbalán
a fijarte mientras tanto
es un verdadero encanto
de los que vienen y van
sus plataneras que están
a su izquierda y derecha
con sus atarjeas bien hechas
y su agua de continuo.
Valle Gran Rey pueblo ameno
a quien la naturaleza
le dio toda la grandeza
que no tiene otro terreno,
me siento de orgullo lleno
también porque alli he nacido.

Valle Gran Rey, lieblicher Ort,
dem die Natur
eine Anmut verliehen,
die nicht ihresgleichen hat.
Es erfüllt mich mit Stolz,
hier geboren zu sein.
Dein Kontrast und Farbenreichtum
gleicht einem kunstvollen Juwel.
Aus dem Boden erheben sich Ungetüme,
als seien es stumme Statuen,
grobe und nackte Massive,
die zum Himmel streben
unter dem endlosen Schleier
geheimnisvoller Gestirne.
Von oben herab, nach allen Seiten

ergießen sich aus deiner Höhe
vielarmige Bäche
von großer Wasserfülle.
Diese herrliche Quelle,
die dich von Stufe zu Stufe begießt,
wie die Wolke am Abend,
ohn' Unterlaß,
das große wundervolle Tal -
vom Gipfel bis zum Strand.
Vom Hafen geführt
bis zur Landspitze und zum Gestade,
dort, wo die Grenze verläuft
zwischen lebendem und totem Meer,
bestaunen wir
die Boote Deiner Bucht.

An Borbalán vorbeigekommen
wird uns nicht entgehen
welch wahre Wonne es ist
für die, die kommen und gehen
Deine Bananenfelder zu sehen
zur Linken und zur Rechten
mit ihren wohlverlegten Kanälen
und dem fließenden Wasser darinnen.
Valle Gran Rey, lieblicher Ort,
dem die Natur
eine Anmut verliehen,
die nicht ihresgleichen hat.
Es erfüllt mich mit Stolz,
hier geboren zu sein.

Al CIELO	**DEM HIMMEL**
Al cielo, ilusiones	Dem Himmel, Illusionen
al cielo, candores	dem Himmel, die Unschuld
al cielo, los soles	dem Himmel, die Sonne
al cielo, amores	dem Himmel, die Liebe
al cielo, la miel	dem Himmel, Honig
al cielo, la risa	dem Himmel, Lachen
al cielo, algria	dem Himmel, die Freudigkeit
al cielo, caricias	dem Himmel, Zärtlichkeit
al cielo, belleza	dem Himmel, die Schönheit
al cielo, franqueza	dem Himmel, die Großmut
al cielo, bondad	dem Himmel, Güte
al cielo, la luz	dem Himmel, das Licht
al cielo, la Paz.	dem Himmel, Frieden.
Al cielo lo Bello	Dem Himmel das Schöne,
que el mundo nos da!	das die Erde uns schenkt.

GOMERO VIEJO

Gomero viejo rostro cansino,
con tus manos grandes y tu piel morena,
con tu tabaco fuerte y tu boina negra.

Deja de hacer partir la tierra con tu sudor,
déjala descansar,
deja de abrir el surco,
de arrimar la piedra,
de buscar el agua.

Es que sólo la parca puede aparte de tu sufrimiento lento,
de tu esclavitud sin fin,
de tus esperanzas sin limites.

Ya es hora.

Descansa.

ALTER GOMERO

Alter Gomero, müdes Antlitz,
mit Deinen großen Händen und Deiner gebräunten Haut,
mit Deinem starken Tabak und Deiner schwarzen Basken-
mütze.

Fahr' nicht fort, mit Deinem Schweiß die Erde zu befruchten,
laß sie ruhen,
fahr nicht fort, sie aufzupflügen,
das Wasser zu suchen.

Nur der Tod kann Dich von Deiner langsamen Qual erlösen,
von Deiner endlosen Sklaverei,
von Deinen grenzenlosen Hoffnungen.

Es ist an der Zeit.

Ruh' dich aus.

AL PAREDON

Paredón tras paredón
aprovechando tu suelo,
buscando su sustento
el gomero te talló.

Bajo los rayos del sol
su obra ingente levanta,
primero una buena planta
y después el armazón.

Así te puede sembrar
sosteniéndote la tierra,
por medio de buenas piedras
colocadas con razón.

Stein auf Stein,
aus Deinem Boden,
Halt in ihm suchend,
hat Dich der Gomero geformt.

Unter den Strahlen der Sonne
errichtet er sein Werk,
zuerst ein gutes Fundament,
sodann das Gerüst.

So kann er Dich bepflanzen,
während der Boden Dich stützt,
mit geeigneten Steinen,
überlegt gesetzt.

REALMENTE CIERTO

Has vuelto del campo
y soltado las cabras,
como cada dia al llegar la tarde.

Has vuelto del campo
y aunque haga frio,
aunque el sol te raje,
aunque te acompañe.

Has vuelto del campo
y sin un lamento que arañe tu alma,
sin una sonrisa que bañe tu cara.

Has vuelto del campo.
Mañana es la Pascua,
pero no lo pienses
te esperan con hambre.

Vom Feld bist Du zurückgekehrt
und hast die Ziegen losgebunden
wie jeden Tag um die Abendstunden.

Vom Feld bist Du zurückgekehrt
und wenn Dich auch friert,
auch wenn Dich die Hitze versengt,
auch wenn sie Dich begleite.

Vom Feld bist Du zurückgekehrt
und ohne ein Wehklagen, das Deine Seele zerfurcht,
ohne ein Lächeln, das Dein Gesicht umspült.

Vom Feld bist Du zurückgekehrt.
Morgen ist Ostern,
doch denk' nicht daran,
sie erwarten Dich mit Hunger.

LABRANZA DE LA TIERRA

Cuando el invierno promete
El buen gañán se prepara,
Contento y con buena cara
En su faena se mete.
Sin dar el reloj la siete
Camina bien humerado,
Con su suerte resignado
Porque mas lluvia barrunta,
Arrea suave su yunta
Con el yugo y el arado.

Con su alforja en las costillas
Siembra contento y risueño,
Sufre su pena el Isleño
Repartiendo sus semillas.
Sin olvidar su familia
Responsable de su hogar,
Porque tiene que pensar
Si su suerte es revecina,
Vende caldero, cocina
Yunta y vara de tocar.

Si viene bien la cosecha
Se contempla satisfecho,
Con alegría en su pecho
Y el mal estar lo desecha.
Tiene encausada su brecha
Y se vuelve a preparar,
Y a tiempo organizar
Su yunta y demás enseres,
Y al año si Dios quiere
Puede su tierra labrar.

Siembra el trigo la cebada
Chicharos, habas y lentejas,
Choches, centeno y arvejas
De riego y sin ser regados.
Si es la estación apropiado
El grano es garantizado.
Tiene su pasto el ganado
Y paja para el jumento,
Y baila que es un contento
Un labrador bien plantado.

DIE ERDE BESTELLEN

Wenn der Winter sich ankündigt,
trifft der brave Landmann seine Vorbereitungen,
zufrieden und bei guter Laune
nimmt er seinen Arbeitstag auf.
Noch bevor die Uhr sieben schlägt,
begibt er sich auf den Weg,
seinem Schicksal ergeben,
da Regen ihn erwartet,
treibt leicht das Gespann an
mit dem Joch und dem Pflug.

Den Sack um die Rippen geschnallt,
sät er zufrieden und heiteren Sinns;
die Mühsal still erduldend,
verstreut er seine Saat.
Vergißt seine Familie nicht,
seiner häuslichen Verantwortung bewußt,
muß er doch daran denken,
falls ihn das Glück verläßt,
Kessel und Herd zu verkaufen,
Gespann und seinen Pflug.

Gelingt die Ernte,
ist seine Befriedigung groß;
mit Freude im Herzen
verwirft er die Gedanken an sein Ungemach,
und von neuem beginnt er sich vorzubereiten,
um zur rechten Zeit fertig zu haben
sein Gespann und die übrigen Sachen;
und im nächsten Jahr, so Gott will,
kann er erneut die Erde bestellen.

Er pflanzt Weizen und Gerste,
Erbsen, Bohnen und Linsen,
Lupinen, Roggen und Wicken
mit Bewässerung und ohne.
Läßt das Wetter ihn nicht im Stich,
so kann er reiche Ernte halten,
genügend Futter für das Vieh
und Stroh für die Esel,
dann tanzt er zufrieden,
ein aufrechter Landmann.

DECIMAS GOMERAS

Gomera tierra querida
con tus picos altaneros,
donde tus hijos Gomeros
alegres pasan la vida,
dan tus montañas floridas
un clima halagador,
donde la esbelta flor
da su aroma delicado,
brindando con mucho agrado
tu paisaje encantador.

Es una isla de España
esta bonita Gomera,
con su playa su ribera
que el Mar Atlántico baña,
ella expone sus montañas
a todo el que la visita,
aquí recala el turista
de lejanos continentes
y lo acoje noblemente
con nobleza muy estricta.

Eres perla del Atlante
por tus hijos muy querida
con tu campiña florida
bajo del Teide gigante,
tu guardas en tu semblante
recuerdos inperecederos,
unos »ayes« lastimeros
que no puedes ocultar,
y jamás nunca borrar
en la mente del Gomero.

Hoy lloras con emoción
al recorda el pasado
de tus hijos maltratados
sin ninguna compación,
pero con digna aflicción
te fuistes recuperando
pero siempre recordando
aquel estrecho sendero
donde pasaba el Gomero
su triste caso añorando.

GOMERISCHE DEZIMEN

Gomera, geliebte Erde,
mit Deinen prachtvollen Gipfeln,
wo die gomerischen Kinder
ihr Leben glücklich verbringen
und Deine blühenden Berge
ein liebliches Klima spenden,
wo die schlankwüchsige Blume
ihr zartes Aroma verstreut,
breitest Du mit großer Anmut
Deine wonnige Landschaft aus.

Ist eine spanische Insel,
dieses herrliche Gomera,
mit ihrem Strand und der Küste,
die vom Atlantik gebadet.
Sie stellt ihre Berge zur Schau
einem jeden, der sie besucht,
hier gehen Touristen an Land
von entfernten Kontinenten
und erhalten einen Empfang
mit gewissenhaftem Anstand.

Du bist die Perle des Atlantik,
von Deinen Kindern sehr geliebt,
mit Deinen blühenden Fluren
unter dem riesigen Teide.
In Deinem Antlitz bewahrst Du
unvergängliche Andenken
und viele klagende Seufzer,
die Du nimmer auszulöschen vermagst
aus dem Bewußtsein des Gomero.

Heut' weinst Du voller Gefühle,
gedenkst Du der Vergangenheit,
Deiner geschundenen Kinder,
ohne Mitleid zu empfinden,
doch mit würdevollem Kummer.
Du hast Dich allmählich erholt,
doch immer wirst Du erinnern
jenen schmalen Trampelpfad,
wo der Gomero entlangging
voll wehmütiger Gedanken.

PAISAJE

Verde del platanal
Verde del palmeral
y verde, del cañaveral.
Verde seco.
Verde tierno.
Verde olivo.
Verde oscure.
Verde esmeralda.
Verde del mar.
Verde alga.
Verde musgo.
Ver de cerca
este paisaje
y olvidar
el paisanaje.

LANDSCHAFT

Grün des Bananenfeldes,
Grün des Palmenhains
und Grün des Zuckerrohrfeldes.
Trockenes Grün.
Sanftes Grün.
Dunkles Grün.
Smaragdfarbenes Grün.
Meeresgrün.
Grün der Alge.
Grün des Mooses.
Diese Landschaft
von nahem zu schauen
und die Herkunft
vergessen.

SOLEDAD

El mundo sólo contra ella:
La más sola
La más loca
La más bella
Inteligente centella
Carro de fuego
¿Y rencor?
Tu has de ser la primera
La soberana altanera.
Tu mirada es desafiante
Pero se nota al instante
Que vas mendigando por amor
Soberbia, megalómana delirante
¿Te saciaría un amante?
No lo creo
Ni todo el amor del mundo
De esta u otra manera
Llenaría tu tremenda soledad
Ni traería la paz
A esa guerra sin cuartel
De tu amorosa locura
¡Soledad! ¡Soledad sin cordura!

EINSAMKEIT

Die Welt allein gegen sie:
die einsamste,
die besessenste,
die schönste,
kluge Funken,
Feuerwagen.
Und Erzürnen?
Du sollst die erste sein,
selbstherrlich und stolz.
Dein Blick ist herausfordernd,
doch bemerkt man sofort,
daß Du um Liebe wirbst,
hochmütige, größenwahnsinnige Delirantin.
Könnte ein Liebhaber Dich zufriedenstellen?
Ich glaube nicht daran,
nicht einmal sämtliche Liebe dieser Welt
würde, gleichviel auf welche Weise,
Dein fürchterliches Alleinsein ausfüllen können,
noch brächte sie den Frieden
in diesen schonungslosen Krieg
Deiner liebestollen Versponnenheit.
Einsamkeit! Besonnenlose Einsamkeit!

MONTE DEL CEDRO

Monte milenario,
monte del Cedro
tu rio murmura,
la brisa susurra,
los árboles cantan
los helechos verdes
cubren tu espesura.

Bosque misterioso
¿ Qué veo yo en ti?
¿ Qué oigo yo aquí?
¿ A Gara, a Iballa
a Jonay tal vez?
Sus voces se funden
en esta esmeralda ...

El tambor resuena
la chácara habla
un silbo atraviesa
tu prieto verdor
y el canto lo inunda
todo de una vez:
„Hice una raya en la arena ..."
Canto, baile algarabía
esa es tu fiesta y la mía.

Bosque milenario.
Bosque misterioso
las risas, el silbo
chácara y tambor
ya guardan silencio ...

Sólo tu clamor.
Sólo tu silencio.
Sólo tu misterio.
Sólo tu vigor.

MONTE DEL CEDRO

Tausendjähriger Fels,
Monte Del Cedro,
es rauscht Dein Fluß,
die Winde raunen,
es singen die Bäume,
der grüne Farn
verhüllt Deine Mächtigkeit.

Geheimnisumwitterter Wald.
Was erkenne ich in Dir?
Was höre ich hier?
Gara oder Iballa,
vielleicht auch Jonay?
Ihre Stimmen verschmelzen
in diesem Smaragd ...

Es erschallt die Trommel,
die Kastaniette erklingt,
ein Pfeifen durchdringt
Deine grüne Finsternis,
und der Gesang erfüllt
mit einem Mal alles:
„Ich habe eine Bresche in den Sand geschlagen ..."
Gesang, Tanz, lebhaftes Durcheinander,
dies ist Dein Fest und das meinige.

Tausendjähriger Wald.
Geheimnisvoller Wald,
Gelächter, das Säuseln,
Stimmengewirr und Trommelklang,
schon kehrt Stille ein ...

Nur Deine Klage.
Nur Deine Ruhe.
Nur Dein Geheimnis.
Nur Deine Kraft.

CUESTA DE LA MERICA

La Mérica es una meseta,
de jaras y cardos cubierta.
Un día fuera un trigal
(eso nos cuentan los viejos.
Eso dice la leyenda.)
Para llegar hasta allá,
hay un camino en zig, zag:
Vereda de vivas piedras.
Yo subí al amanecer
esa cuesta tan difícil
alegre y jadeando
con sonrisa y boca seca,
desde arriba miré al valle
de esmeraldas y turquesas,
que al despuntar el sol
doraba y besaba en reverencia ...
¡ Y al atardecer bajé !
Corriendo y riendo,
la Cuesta ...
El camino pedregoso
mi Cuesta serpentina.
Vereda estrecha y difícil.
Mi cuesta de la Mérica.

CUESTA DE LA MERICA

La Mérica ist eine Hochebene,
bedeckt von Zistrosen und Disteln.
Einst war es ein Weizenfeld.
(Das erzählen die Alten.
Das sagt die Legende.)
Dorthin gelangt man
im Zickzack auf einem Pfad,
einem Weg mit springenden Steinen.
Im Morgengrauen bestieg ich
jenen beschwerlichen Hang,
fröhlich und keuchend,
lachend und mit trockenem Mund,
von oben blickte ich auf das Tal
aus Smaragden und Türkisen,
das unter den ersten Sonnenstrahlen
gülden erschimmerte und in Ehrfurcht verfloß ...
Und gegen Abend stieg ich herab!
Rennend und jauchzend,
den Hang ...
Der steinige Weg,
Mein Serpentinenhang.
Schmaler und schwieriger Pfad.
Meine Cuesta de la Mérica.

NOCHES DE LA GOMERA

Luna llena. Luna nueva.
Siempre luz en luna llena
y esperanza en luna nueva.
Luna: Eres mi sombra
y también eres aliento
de mis ilusiones nuevas.

La magia lunar
me guía y es luz
en mi tiniebla.

¡ Luna de Machado!
¡ Y mía!
Plenilunio de mi senda.

¡ Luna de agosto y diciembre !
¡ De enero mi luna nueva!
Eres tu un talismán.
Mi radar, en la tiniebla.

GOMERIANISCHE NÄCHTE

Vollmond. Neumond.
Ständige Helligkeit bei Vollmond
und Hoffnung bei Neumond.
Mond: Du bist mein ewiger Begleiter
und ebenso der Atem
meiner neuen Illusion.

Die Magie des Mondes
führt mich und ist Licht
in meiner Finsternis.

Mond von Machado !
Und mein Mond!
Vollmond auf meinem Weg.

Mond des Augusts und Septembers!
Mein Neumond zu Januar!
Du bist mein Talismann.
Meine Orientierung in der Finsternis.

GARAJONAY

Yo era Gara
Tú, eras Jonay
allá, en lo alto,
sobre la isla.
Sobre las montañas
entre los brezos ...
allende, el mar:
El gris de plata
de aguas marinas,
donde otras islas
con sus siluetas
eran reflejo ...
Eran nostalgia
eran llamada ...

Y nuestro amor
era tragedia
desesperada.
Nos abrazamos,
y nos unió.
La eternidad.
No era posible
vivir amando.
Si era posible
morir de amor
¡ No separarnos
nunca jamás!
Nos abrazamos.

En ese abrazo
nos despeñamos.
Nos esperaba
el cielo azul
y el gris del mar ...
Nuestros nombres
siguen unidos
como nosotros.
Nuestras sombras
en ese pico,
que fue testigo ...
Hoy es el alto
GARAJONAY

GARAJONAY

Ich war Gara.
Du warst Jonay.
Dort oben
über der Insel.
Über den Bergen
mitten in der Heide ...
Gegenüber dem Meer:
das silberne Grau
der Meeresgewässer,
wo andere Inseln
mit ihren Siluetten
Spiegelbilder waren ...
Sie waren Sehnsucht,
waren ein Rufen ...

Und unsere Liebe
war tragisch
verzweifelt.
Wir hielten uns umfangen
und waren verbunden.
Die Ewigkeit.
Unmöglich war es,
der Liebe zu leben.
Wohl möglich war es,
vor Liebe zu sterben.
Nicht uns trennen,
nie und nimmer!
Wir umarmten uns.

In dieser Umarmung
stürzten wir herab.
Es erwartete uns
der blaue Himmel
und das Grau des Meeres ...
Unsere Namen bleiben vereint
wie wir selbst.
Unsere Schatten
in jenem Gipfel,
der Zeuge war ...
Heut' ist's der hohe
Garajonay.

VA LA NINA A LA ERMITA

Va la niña a la ermita
va la niña a los Reyes
Que la Virgen la ampare.
Que ella la guie.

Ten cuidado mi niña
no te extravíes.
La noche es oscura
y silenciosa
Vete niña deprisa
no seas cosa ...

La Virgen de los Reyes
la protegió
! Gracias a Dios!
ilesa ya regresó.

ES GEHT DAS MÄDCHEN ZUR KAPELLE

Es geht das Mädchen zur Kapelle,
sie geht zum Königspaar:
„Ach Jungfrau, sei mein Schutze
und zeige mir den Weg."

„Gib acht, mein Mädchen,
verlier' Dich nicht.
Die Nacht ist finster
und schweigend.
Spute Dich, Mädchen,
vertändel' Dich nicht ..."

Die Jungfrau
hat sie beschützt.
Gott sei gedankt!
Schon ist sie heil zurück.

ALOJERA

Dos muchahos vienen,
desde Alojera,
a implorar ayuda
para su fiesta.

Alojera está abajo
junto a la playa.
Ellos suben contentos,
hasta Las Hayas.

En el río del Cedro
sacian su sed,
y luego en Epina
beben también.

A su barrio regresan
los jovenzuelos.
Pronto empezarán
bailes y fuegos.

Los chicos de Alojera,
ya se marcharon.
Sus alegres sonrisas
a mí me dejaron.

ALOJERA

Zwei Jungen kommen
von Alojera,
Hilfe zu erbitten
für ihr Fest.

Alojera ist unten
am Strand gelegen.
Sie steigen wohlgemut
hinauf bis Las Hayas.

Im Rio del Cedro
stillen sie ihren Durst,
und später in Epina
trinken sie auch.

Nach Hause in ihren Ort
kehren die Jünglinge zurück.
Bald werden beginnen
der Tanz und das Feuer.

Die Burschen von Alojera,
schon sind sie gegangen.
Ihr heiteres Lächeln
haben sie mir gelassen.

A UNA PALMA QUE PINTO

Di, palma, ¿ quien te ha pintado
con tronco, racimo y rama
con tus verdes pencas llenas
los vientos más delicados?
Pintas con mucho cuidado,
cruza el viento y se desliza,
las montañas más lejanas
al despuntar la mañana
me baña la fresca brisa.

No vivas con tanto anhelo,
si la brisa te saluda,
que por mucho que te subas
no podrás llegar al cielo.
Pintor, yo vivo en el suelo
donde mi mente reposa,
yo sé gozar de dos cosas:
de una tierra con donaire
y luego gozo en el aire
de la nube cariñosa.

Te engrandeces de continuo
palma, no tienes razón,
de las manos de un ciclón
podrás tener mal destino,
tu también a un torbellino
le temes como el primero.
Si de un trobellino muero,
el mundo se ha de acabar,
no queda barco en el mar
ni flor en el mundo entero.

Por estar tan elevada,
no vivas tan orgullosa,
que por estar elevosa
tienes que ser derribada.
El morir no cuesta nada,
Pintor eso es natural
¿ que importa que un temporal
me pinte fatal mi estrella?
Si doy la palma más bella
de este mundo terrenal.

PALME, VON MIR GEMALT

Sag, Palme, wer hat Dich gemalt?
Deinen Stamm und Deine Zweige,
die grünen Blätter, mit denen Du
die zartesten Lüfte belebst.

Während Du mit viel Bedacht
die fernsten Berge malst,
trifft mich der Wind und gleitet ab,
es bricht an der Tag,
und frische Brisen baden mich.

Leb nicht mit solchem Verlangen
nach der Brise, die Dich streift,
so sehr Du Dich auch streckst,
der Himmel bleibt Dir unerreichbar.

Maler, ich lebe auf dem Boden,
hier ruht mein Geist,
zwei Dinge weiß ich zu genießen:
die Erde in ihrer Anmut
und hoch oben die Wolke,
die mich liebevoll bestreicht.

Fortwährend erhöhst Du Dich, Palme,
und hast kein Recht dazu,
in der Macht des Zyklons liegt es,
Dein Schicksal zum Schlechten zu wenden,
Du fürchtest ihn,
so auch den Wirbelsturm.

Sterbe ich von der Hand eines Sturms,
dann wird die Welt zugrunde gehen,
kein Schiff wird mehr das Meer befahren,
und nirgendwo wird es noch Blumen geben.

Deine Höhe sollte Dich nicht
mit Stolz erfüllen,
denn die Erhabenheit
ist Dein Verhängnis.
Das Sterben kostet nichts,
es gehört zu dieser Welt,
was macht es, daß mein Schicksalsstern
im Unwetter sich verdunkelt und verbrennt,
bin ich doch die schönste Palme,
die man auf dieser Erde kennt.

AGULO

Tu risces una concha
que te protege amorosa.

El caserio apiñado
entre el verde paltanal
se acurruca y diferencia:
La Montañeta, Las Casas,
El Charco ... y abajo Lepe
escondido, muy oculto,
entre plátanos y sal.

Tus hogueras de sabina,
en la noche de San Marcos,
simbolos de virilidad.
Son tus fiestas ancestrales.
¡ Nadie las puede apagar!

»El gallo por las esquinas«
tus Piques de San Juán
son ingenio y son gracejo
de ese pueblo singular.

Las ranas de La Laguna
han cambiado su croar.
Por un polideportivo
que no las deja cantar.

No temas Agulo mio.
Está el Teide vigilante,
para impedirte que ruedes
sobre la alfombra esmeralda,
y te caigas a la mar.
i Y tu risco que te abraza
para que no te hagas mal!

El Teide y tu Risco, Agulo
no quieren verte penar.
Agulo i Bombón Gomero
frente al Teide
y sobre el mar!

AGULO

Dein Felsen ist eine Schale,
die Dich freundlich beschützt.

Der kleine gedrängte Ort
liegt da zwischen grünen Bananenfeldern,
niedergekauert, und zu erkennen sind:
La Montañeta, Las Casas,
El Charco ... und ganz unten Lepe,
versteckt und sehr verborgen
zwischen Stauden und Salz.

Deine Feuer zum Sabbat
in der Nacht von San Marcos,
Kultsymbole der Männlichkeit.
Dies sind Deine Feste von altersher.
Niemand vermag sie auszulöschen!

Die spitzen Zungen der Männer
im Wettstreit auf der Fiesta von San Juán
sind Garanten für Kurzweil
in diesem einzigartigen Dorf.

Die Kröten von La Laguna
haben ihr Quaken getauscht
gegen eine Sportanlage,
die sie hat verstummen lassen.

Fürchte Dicht nicht, mein Agulo,
dort ist der wachsame Teide,
der verhindert, daß Du abrutscht
auf dem smaragdenen Teppich
und in das Meer fällst.
Und der Felsen, der Dich umarmt,
damit Dir kein Unglück zustößt.

Der Teide und Dein Fels, Agulo,
wollen Dich nicht leiden sehen.
Agulo, Du Praline von Gomera,
gegenüber dem Teide
und über dem Meer.

CASA DE PIEDRA

La casa es de piedra.
El techo de tejas.
Tejas de mi tierra;
concavas y rojas.
Unas boca abajo.
Otras panza arriba.
Como macho y hembra.

Al amanecer se filtra
la luz. Se filtra por ellas,
como chiquitinas,
pequeñas estrellas.

La puerta de cedro,
con una gatera.
Por ella mi gato
entra, sale y entra.
Y limpia mi casa,
de ratones, ratas,
y otras alimañas.

Mis niños ya duermen
en colchón de paja.
Mi hombre hace esteras
de pencas de palma.

Yo estoy tejiendo una bella manta.
Es de pura lana
en viejo telón,
que ni buena abuela
dejara en mi casa.

STEINERNES HAUS

Das Haus ist aus Stein,
das Dach aus Ziegeln.
Ziegeln von meiner Erde,
konkav gewölbt und rot.
Die einen bäuchlings,
die anderen rücklings,
wie Mann und Frau.

Im Morgengrauen filtern sie
das Licht. Es sickert durch sie hindurch
wie winzige,
kleine Sternchen.

Die Zederntür
mit einem Katzenloch.
Durch sie geht meine Katze
ein und aus.
Und säubert mein Haus
von Mäusen und Ratten
und anderem Ungeziefer.

Meine Kinder schlafen schon
auf Matratzen aus Stroh.
Mein Mann flicht Matten
aus Palmenblättern.

Ich webe eine schöne Decke.
Aus reiner Wolle ist sie
auf einem alten Webstuhl,
den nicht einmal eine gütige Großmutter
in meinem Haus gelassen hätte.

MAR DE LEVA

Mar de leva, embravecido.
No pareces hoy el mismo.
Ayer, tan suave. Tranquilo ...
Hoy de espumas refulgentes,
tus fauces llevas. Bramidos,
! Rugidos de fiera! ruidos,
de animal enloquecido
¿ por qué tan cambiante eres?
Mar furioso. Ayer dormido
no te comprendo, y te amo:
Seas soberbio o sumiso.
Seas peligroso o manso.
Nervioso o adormecido.
¡ Mar de mi isla. Verde!
Ayer azul, hoy removido.
Ayer risueño. Hoy amargo.
Yo te amo y te amaré
pues eres la sal de mi isla
y el sustento del marinero.
Inspiración del poeta.
Juguete para los niños.
Desafío al nadador.
Paleta y luz del pintor.
¡ Mar de mi isla! ¡ Querida!

AUFGEWÜHLTES MEER

Aufgewühltes, brausendes Meer.
Du scheinst heut' nicht dasselbe zu sein.
Gestern, so sanft. Ruhig ...
Heute mit gleißenden Schaumkronen,
aufgerissenen Schlündern. Brüllend,
tobend vor Wut. Gelärm,
wie von einem tobsüchtigen Tier.
Warum bist Du so launenhaft?
Wütendes Meer. Gestern noch schlafend,
ich verstehe Dich nicht, und liebe Dich:
Seist Du anmaßend oder fügsam,
seist Du gefährlich oder zahm,
leicht erregbar oder träge.
Meer meiner Insel. Grün!
Gestern vergnügt. Heute voll Verdruß.
Ich liebe Dich und werde Dich lieben,
denn Du bist das Salz meiner Insel
und die Stütze des Seemanns.
Quelle der Eingebung des Poeten,
Spielzeug für die Kinder.
Herausforderung für den Schwimmer.
Palette und Licht des Malers.
Meer meiner Insel! So geliebt!

MAGAÑA

Tío Cirilio y tía Bárbara,
dos ancianos recordados ...
Allá en nuestra Magaña.
Labradores de tierra seca.
Polvorienta y muy árida.
Tierra que produce
trigo, chícaros y cebada.

Ellos tienen varios hijos,
criados con leche de cabra.
Y esculpidos como roca
de aquella tierra basáltica.

Los hijos miran al cielo.
La lluvia no llega: callan;
y una mañana emigran
a tierras jondas y lejanas
se establecen en la Guaira,
Punto Fijo y Los Caracas.

Los viejos permanecen,
solos, viejos, en su casa.
Miran al cielo. Esperan,
la lluvia y las cartas:
Estas, llegan retrasadas.

Hoy están en verdes prados,
de agua viva y eterna.
Y con sus manos callosas
me saludan y me llaman.

¡ Tío Cirilio y tía Bárbara!
medianeros entrañables
de mi Magaña perdida.
¡ Esperadme en ese prado
de aguas eternas y vivas
con el color de esperanza!

MAGAÑA

Tío Cirilio und Tía Bárbara
zwei unvergessene Alte ...
Dort in unserem Magaña.
Bauern der ausgedörrten Erde.
Staubig und dürr.
Erde, die hervorbringt
Weizen, Erbsen und Gerste.

Sie haben mehrere Kinder,
aufgezogen mit Ziegenmilch.
Und wie aus Stein gehauen
aus jenem basaltreichen Boden.

Die Kinder blicken auf zum Himmel.
Kein Regen kommt. Sie schweigen;
und eines Morgens wandern sie aus
in die Ferne und weite Länder.
Sie lassen sich nieder in La Guaira,
Punto Fijo und Los Caracas.

Die Alten bleiben daheim
alt und allein.
Sie blicken zum Himmel. Sie warten
auf Regen und auf Briefe:
Diese treffen mit Verspätung ein.

Heute ruhen sie auf grünem Wiesengrund,
aus ewig lebendigen Wassern.
und mit ihren schwieligen Händen
winken sie mir zu und rufen mich.

Tío Cirilio und Tía Bárbara!
Freundliche Pächter des Bodens,
meines verlorenen Magaña!
Wartet meiner in jenem Grund
der ewig lebendigen Wasser
mit der Farbe der Hoffnung.

SENDAS DE MI TIERRA

Rojas, blancas, amarillas
y violetas campanillas.
Hoy os he visto al pasar,
como pequeñas estrellas,
que iluminaban mi senda.
¡ Caminos de mi Gomera !
Cuantas flores a mi paso,
bordeando carreteras.
Erais la bienvenida
que a mi me daba
mi tierra ...
Flores silvestres y bellas.
Expresión de vida y amor.
¡ Primavera en la Gomera !
Flores en los caminos.
Y, ese »deje« tan cansino.
¡¡ Y las flores en los caminos !!

PFADE MEINES LANDES

Rote, weiße, gelbe
und lila Glockenblumen.
Heute hab' ich Euch im Vorbeigehen
wie kleine Sterne funkeln gesehen,
die meinen Pfad beleuchteten.
Wege meines Gomera!
So viele Blumen entlang meines Weges,
die Straßen säumend.
Ihr seid der Willkommensgruß,
mit dem ihr mich empfangen habt
mein Land ...
Wilde Blumen, schöne Blumen.
Sinnbilder des Lebens und der Liebe.
Frühling auf Gomera!
Blumen an den Wegen.
Und jenes so träge Nachschwingen.
Und die Blumen an den Wegen !!

Ya se va la Primavera
hermosos días de luz y colores
de perfumes y flores
alegres y sonrientes al la vida
que se escabullen en silencio
al compás de bellas melodías
y trinos celestiales
que se pierden en los prados
donde renace el amor
de mil especies.

Ya se va la Primavera
y en el horizonte se ve
el destello maquiavélico
tétrica hoz del silencio
que amedranta el fluir sereno
y en una resistente agonía,
se inicia la siega
y en un parpadeo de piedad
de sublime clemencia,
arrebata en un duelo sin defensa
un suspiro de añoranza
apilado en su inerte fé
a la vida.

Schon klingt der Frühling aus,
herrliche Tage voller Licht und Farben,
voller Düfte und Blumen,
lebensfroh und ausgelassen,
die schweigend entgleiten
im Gleichklang schöner Melodien
und himmlischer Musik
die in den Wiesen sich verlieren,
wo die Liebe wiedersteht
von tausenden Arten.

Schon klingt der Frühling aus
und am Horizont erscheint
das machiavellistische Leuchten,
düstere Sichel der Stille,
die das heitere Treiben bedroht,
und in beständiger Agonie
setzt ein die Ernte,
und in einem mitleidsvollen Lidschlag
von erhabener Milde
entreißt sich in wehrloser Trauer
ein sehnsüchtiger Seufzer
verankert in seinem unverrückbaren Vertrauen
auf das Leben.

CHIPUDE

Laicos sueños de mis trincheras
que jugais inclementes
sin dolor y sin pena
ahogando en la distancia
el nacer de la realidad
y absorbiendo en tus secuencias
el vivo deseo de ser amante
en un instante
de mi humilde eternidad.

Me hostigais sueños sin tregua
y en caminos desolados
en Valles de ausencia
haceis nacer obligado
una peregrinación ciega
en el hechizo de la noche
en la mitica niebla
para hallar consolado reposo
sobre la escarcha de la viejez.

CHIPUDE

Ungezügelte Träume meiner innersten Schichten,
die Ihr Euer unbarmherziges Spiel treibt,
ohne Schmerz und ohne Leid
erstickt Ihr in der Ferne
das Zutagetreten der Wirklichkeit
und saugt auf in Eurer Bilderfolge
den lebhaften Wunsch, Geliebter zu sein
einen Augenblick lang
meiner ewig währenden Demut.

Ihr quält mich, Träume, ohne Unterlaß
und auf trostlosen Wegen
in verschollenen Tälern
laßt Ihr unabwendbar erstehen
eine endlose Pilgerfahrt
unter dem Bann der Nacht
im mystischen Nebel,
um tröstende Ruhe zu finden
auf dem Rauhreif des Alters.

EL MAR

Quiero verte mar!
enfurecer y encrespar
para sentir el placer
de tus olas reventar
sobre el oscuro acantilado
siempre de musgos adornados
abatidos por el viento
y tostado por el suave sol que le da.

Quiero de ti mar
tu espuma ver rebosar
sobre la nitida arena
que blanca y morena
en ella me dejo abrazar
para sentir y gozar
de tu imperioso mundo salado
sirenas, peces alados
que en sueños me hacen navegar.

¡ Quiero verte mar!
para amarte en mi silencio
y en el seno de tus olas
sentir mi aliento
cantos de caracolas galopadas de caballos
y en tu infinito manto blanco
la ahogada brisa del viento.

MEER

Ich will Dich sehen, Meer,
tobend und schäumend,
um das Vergnügen zu fühlen,
wie Deine Wellen sich brechen
an den dunklen Küstenfelsen,
die verziert sind vom ewigen Moos,
gepeitscht von den Winden
und gebräunt vom sanften Sonnenlicht.

Von Deinem Meer will ich sehen
den Schaum sich ergießen
über den reinen Sand,
der weiß und braun
mich umfangen hielt,
zu fühlen und zu genießen
Deine mächtige salzige Welt,
Sirenen und fliegende Fische,
die im Traum mich in die Lüfte heben.

Meer, ich will Dich sehen,
um Dich zu lieben in meiner Stille
und am Busen Deiner Wogen
meinen Atem zu vernehmen,
das Singen der Muscheln, den Galopp von Pferden
und in Deinem endlos langen weißen Mantel
das gedämpfte Rauschen des Windes.

ROSA DE LOS VIENTOS

Rosa de los vientos
que el mar haces
la guía de los marinos,
haz de mi ruta el destino
y puerto donde se halla
la sirena que me besase
aquella noche de sueño.
Que el viento azote mis velas
que haga un buen barvolento
y rompa espumas en la proa
rumbo al noreste ...
¡ Mi puerto !

WINDROSE

Windrose,
die Du auf dem Meere
den Seeleuten als Führer dienst,
führe mich auf meinem Schicksalswege
zum Hafen, wo ich wiederbegegne
der Verführerin, die mich küßte
in jener traumhaften Nacht.
Daß der Wind mein Segel blähe,
luvseits mich treffe
und am Bug der Schaum aufspritze,
Richtung Nordosten ...
Mein Hafen!

Eres nube mensajera
tierra de sol
que haces en tu mar estela
hoy te veo en mi partida
el destierro que me lleva.

Marcharé, macharé
más sé que volveré
p'arrullarme en tus sabinas
y de los Siete Chorros de Epina,
agua volveré a beber.

Como me surte la sangre
al pasar, verte de lejos
morena de mis amores,
flor en que me desvelo.

Como me saltan las lágrimas
cuando de ti les oigo hablar
allá, allá en la distancia,
y no me deja acercar.

Volveré porque he de volver
p'a gritar desde tus cumbres,
erguidas y desfiantes
a los siete vientos,
que en tu seno cardinal
te dan un aire peculiar
de pudor y grandeza.

Partiré, partiré
en cualquier instante partiré
y desde Ojila, Gando y Cano,
desde su celestial altura,
jubilos al aire alzaré
y entonaré con el silbido
el rito brujo que alienta;
ese sonido que aumenta
la chácara y el tambor,
notas de gloria y pasión
que en ti Gomera despierta.

NOSTALGIA

Wolkenbotin bist Du,
Land der Sonne,
die Spuren zieht auf Deinem Meer,
heut' erkenne ich beim Abschied in Dir
die Verbannung, die mich fortträgt.

Fort gehe ich, ich gehe fort,
doch weiß ich, daß ich wiederkomme,
um in Deinen Kissen zu schlummern
und an den sieben Brunnen von Epina
abermals mich zu laben.

Wie mir das Blut in Wallung gerät,
wenn ich von weitem im Vorbeiziehen Dich sehe,
Braunhäutige all meiner Liebe,
Blume, derethalben ich schlaflose Nächte verbringe.

Wie ich in Tränen zerfließe,
wenn von Dir die Rede ist,
dort, dort in der Ferne,
die mich von Dir trennt
und mir Deine Nähe stiehlt.

Ich komme wieder, denn wiederkommen muß ich,
um von Deinen Gipfeln zu schreien,
die emporgereckt
den sieben Winden trotzen
und Dir in Deiner Hauptbucht
ein eigentümliches Aussehen verleihen
von Schamhaftigkeit und Anmut.

Ich gehe fort, gehe fort,
in jedem Augenblick gehe ich fort,
und von Ojila, Gando und Cano,
in ihrer himmlischen Höhe,
werde ich ein Jubelschrei erheben
und den Flötenton anstimmen,
der die Beschwörung in Gang setzt;
dieser Ton, der den Klang
der Stimmen und Trommeln verstärkt,
ruhmreiche und leidenschaftliche Klänge,
die Gomera in Dir erweckt.

Relación de autores
Autorenverzeichnis

Ferry Palmero Cabera,
Celia Askonava,
Pedro Casanova,
Manuel Navarro Rolo,
José Damas,
Nicolas Rolo Dorta,
Salvador Casanova

ins Deutsche übertragen von Ullrich Graz,
dem hiermit unser besonderer Dank gilt.

Lektorat: Detlef Witt-Schleuer